Date: 12/28/20

El Día de San Patricio

Julie Murray

Abdo Kids Junior es una
subdivisión de Abdo Kids
abdobooks.com

Abdo
FIESTAS
Kids

abdobooks.com

Published by Abdo Kids, a division of ABDO, P.O. Box 398166, Minneapolis, Minnesota 55439.
Copyright © 2020 by Abdo Consulting Group, Inc. International copyrights reserved in all countries.
No part of this book may be reproduced in any form without written permission from the publisher.
Abdo Kids Junior™ is a trademark and logo of Abdo Kids.

Printed in the United States of America, North Mankato, Minnesota.

052019

092019

 THIS BOOK CONTAINS
RECYCLED MATERIALS

Spanish Translator: Maria Puchol

Photo Credits: Getty Images, iStock, Shutterstock

Production Contributors: Teddy Borth, Jennie Forsberg, Grace Hansen

Design Contributors: Christina Doffing, Candice Keimig, Dorothy Toth

Library of Congress Control Number: 2018968461

Publisher's Cataloging-in-Publication Data

Names: Murray, Julie, author.

Title: El día de San Patricio/ by Julie Murray.

Other title: Saint Patrick's day. Spanish

Description: Minneapolis, Minnesota : Abdo Kids, 2020. | Series: Fiestas

Identifiers: ISBN 9781532187292 (lib.bdg.) | ISBN 9781644941379 (pbk.) | ISBN 9781532188275 (ebook)

Subjects: LCSH: St. Patrick's Day--Juvenile literature. | Holidays, festivals, & celebrations--Juvenile
    literature. | Holidays--Juvenile literature. | Ethnic festivals--Juvenile literature. | Spanish language
    materials--Juvenile literature.

Classification: DDC 394.262--dc23

Contenido

El Día de San Patricio

¡El 17 de marzo es San Patricio!

5

Se celebra la **cultura** irlandesa.

Jake piensa en San Patricio.

Es el **santo patrón** de Irlanda.

¡Hay verde por todas partes!

Mary hace un sombrero.

Pat está usando un botón que dice "¡Feliz Día de San Patricio!".

Liam ondea la bandera irlandesa. Tiene una parte de color verde.

Se celebran grandes **desfiles**.

Erin baila.

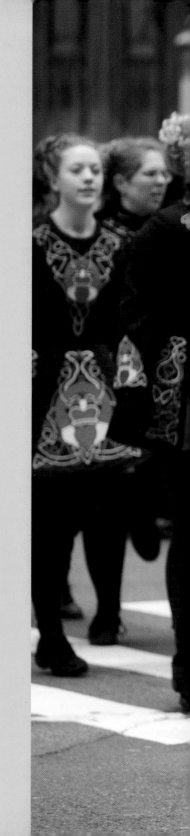

Meg come carne en conserva.

También come col.

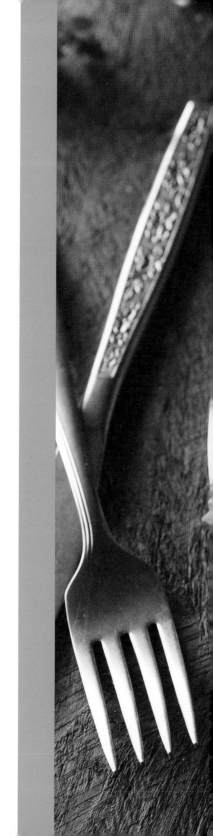

¡A Quinn le encanta el Día de San Patricio!

Símbolos del Día de San Patricio

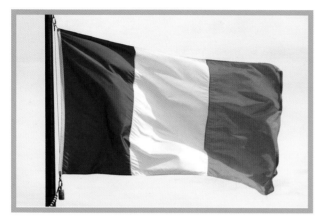

la bandera irlandesa

el desfile

el sombrero verde

el trébol

Glosario

desfile
marcha pública de gente
con música, con ocasión
de alguna celebración.

cultura
idioma, costumbres, ideas y arte de
un grupo determinado de gente.

santo patrón
santo con especial conexión con
una comunidad de personas, un
lugar o un trabajo.

Índice

Abdo Kids ONLINE
FREE! ONLINE MULTIMEDIA RESOURCES

¡Visita nuestra página abdokids.com y usa este código para tener acceso a juegos, manualidades, videos y mucho más!

Código Abdo Kids:
HSK1757